LIBERTÉ — ÉGALITÉ — FRATERNITÉ

LIBÉRATION DU TERRITOIRE

PAR

LE SALAIRE ET LE REVENU

CONTRIBUTION NATIONALE OBLIGATOIRE

Tous pour un, un pour tous !

Par Étienne PARRET

PRÉFACE

LE RACHAT DE LA PATRIE

Poésie de M. Ch. ALLIER.

SAINT-ETIENNE,
IMPRIMERIE ET LIBRAIRIE BENEVENT,
4, PLACE DE L'HÔTEL-DE-VILLE, 4.

1872

EN VENTE chez tous les libraires, 50 centimes.

57L

LIBÉRATION DU TERRITOIRE

PAR

LE SALAIRE ET LE REVENU

CONTRIBUTION NATIONALE OBLIGATOIRE

Tous pour un, un pour tous !

Par Etienne PARRET

PRÉFACE

LE RACHAT DE LA PATRIE

Poésie de M. Ch. ALLIER.

SAINT-ÉTIENNE,
IMPRIMERIE ET LIBRAIRIE BENEVENT,
4, PLACE DE L'HÔTEL-DE-VILLE, 4.

1872

EN VENTE chez tous les libraires, 50 centimes.

DÉDIÉ

AUX FEMMES DE L'ALSACE

Le Rachat de la Patrie

L'ombre descend déjà !.... la nuit étend son voile
Sur la cité tremblante..... au ciel pas une étoile !
Pas de cr.s, pas de chants..... tout est silencieux
On dirait que la peste a passé dans ces lieux ;
Seuls parfois, aux maisons, des sanglots et des larmes
Se mêlen! dans la nuit à des cliquetis d'armes.
« Ils vont passer, » dit-on ; tout se ferme à l'instant.
Le brillant magasin, la boutique et l'auvent;
On écoute en tremblant : ce pas, c'est la patrouille
Au casque féodal, qui de sa botte souille
Le sol de nos aïeux..... laissant traîner son fer
Sur le pavé sonore et rendant plus amer
Ce joug déshonorant,..... plus insultant l'outrage !
Car il faut se courber et dévorer sa rage.......
Fût-il rien de plus dur que cette oppression,
Où, chaque heure nouvelle, une vexation
Nous frappe et nous surprend, où sans merci ni grâce,
D'un vainqueur insolent on aperçoit la face !
Il frappe les vieillards malgré leurs cheveux blancs,
Et jette sous ses pieds le berceau des enfants ;
Puis... ce soudard hideux cherche dans son ivresse
A jeter dans la rue une impure caresse

A notre fiancée, ou bien à notre sœur !....
Il faut se taire alors... parler avec douceur !
Elle ne pleure pas... elle craint une lutte
Et défend contre nous l'affreuse bête brute
Qui vient de l'outrager... car un pareil combat
Nous serait imputé comme un assassinat !...

Nos forces sont à bout !... De cet amer calice
La coupe est plus que pleine !... Il faut qu'on en finisse !
Frères, délivrez-nous du barbare Germain !...
O France, à tes genoux nous te tendons la main !
C'est de l'or qu'il lui faut, à l'usurier avide,
Il a tant à payer !... là !... cet espion perfide
Qui chez nous mendiait, semblable à ces corbeaux,
Déchiquetant les os sur le bord des tombeaux ;
Là !... tous ces pourvoyeurs, portant à leur armée
Les vivres qu'ils volaient à la France affamée !...
Là !... les journaux flétris, ces sinistres claqueurs
Qui nous lançaient l'insulte et piétinaient nos cœurs !
Là !... ces femmes sans nom, aux faces impudiques
Au sourire hébété des Phrynés germaniques !
Là !... les hulans pillards !... Là !... leurs nobles déchus,
Les détrousseurs de morts, Judas aux doigts crochus...
Tous ces trembleurs d'hier sous la France hautaine,
Qui peuvent aujourd'hui venir baver leur haine.

Eh bien ! n'attendons pas !... il faut payer? payons,
Pour être délivrés de ces hideux larrons,
Et que chacun apporte un peu de cette obole,
Qui sera la rançon du pays qu'on immole !
Pour avancer d'un jour ta libération.
L'Alsace fait appel ;... Lève-toi, Nation !...
Pauvre, donne ton sou ; ton écu, toi chaumière ;
Ton louis d'or, ô château ! Donnez, grands de la terre,
Donnez vos diamants, ouvrez-nous vos écrins,
Rachetez le pays qui vers nous tend ses mains !...
Dors en paix, égoïste, au sein de ta richesse,
A l'abri sous ton toit, caché dans ta mollesse,
Mais tu seras par nous honni, persécuté
Si tu ne réponds pas, quand on dit : charité !....
Et toi, qui vas, jetant au luxe ta jeunesse,
Aujourd'hui donne un peu de ta fausse richesse !...
Quand, plus tard, sonnera l'heure du repentir
Tu trouveras alors un touchant souvenir :

Si l'on te repoussait, réponds que la souffrance
De l'or est un creuset et dis : c'est pour la France !...
Femmes, souvenez-vous de l'antique vertu
Des mères et des sœurs de ce peuple abattu,
Donnant tous leurs bijoux au jour de la défaite
Pour arrêter un mois des Romains la conquête.
Elles donnèrent tout.... puis un jour, sur les eaux,
Le chanvre fait défaut aux voiles des vaisseaux ;
De leurs cheveux tressés elles font un cordage !!!...
Française, souviens-toi des femmes de Carthage !

Saint-Étienne, 31 janvier 1872.

Ch. ALLIER.

AVANT-PROPOS

Honneur aux femmes de l'Alsace!... Ce sont elles qui les premières ont parlé de délivrance, et qui, par leur généreux exemple, en envoyant en France leur souscription patriotique y ont donné l'essor d'un admirable élan en faveur de la libération du territoire.

C'est dans cette pauvre Alsace qu'a germé cette idée que doit féconder la mère Patrie !

Des bords du Rhin à l'Océan et de la Manche à la Méditerranée, prompte comme l'éclair, l'étincelle allumée en Alsace a embrasé le pays : aujourd'hui tout le monde est à l'œuvre, la fibre patriotique a vibré de toutes parts, les cœurs battent à l'unisson, et chacun est prêt au sacrifice pour la délivrance de la Patrie.

Des offres généreuses ont été faites déjà au Gouvernement par un certain nombre de villes et un grand nombre de citoyens.

Chacun s'ingénie à trouver une combinaison, un système, un moyen, pour assurer l'efficacité du sacrifice auquel on est partout disposé.

C'est en effet, la véritable question qu'il s'agit de résoudre, puisque désormais les villes et les citoyens rivalisent de zèle pour atteindre le résultat désiré : la *libération du territoire*.

La faculté d'organisation fait généralement défaut en France ; et certes, cela n'est pas étonnant, dans un pays où l'on a perdu l'habitude de faire ses affaires soi-même, où l'initiative individuelle sans cesse entravée, a été presque anéantie pendant les trop longues années du règne néfaste dont il faut aujourd'hui réparer les sottises et les crimes.

Habitués à compter toujours, dans notre infortuné pays, sur une sorte de Providence gouvernementale, nous avions presque perdu le sens pratique..... au point que, insouciants et confiants, nous attendions naïvement, comme les Musulmans fatalistes, que nos propres affaires se fissent d'elles-mêmes ou par des mandataires qui détenaient le pouvoir et la fortune publique.

L'avénement de la forme républicaine a déjà porté ses fruits ; et malgré les entraves encore maintenues par les lois restrictives de l'empire qui ne sont pas encore abrogées, chacun s'inquiète, et songe au moins, après avoir été trompé et trahi par cette bande d'exploiteurs qui composaient le gouvernement de Bonaparte, à se rendre compte par lui-même, et à participer, au nom même du principe actuel, dans la mesure de ses forces, au salut des intérêts publics, et même on peut le dire, à la régénération de la France.

L'essor de patriotisme qui vient de se produire en présence de l'impuissance du gouvernement, en est la meilleure preuve : il s'agit désormais de savoir en tirer parti et d'atteindre, sous peine de déchéance, le but admirable qu'on se propose.

Mes efforts tendront à profiter de toutes les idées qui ont été émises pour apporter aussi une pierre à l'édifice, et proposer un moyen que je crois essentiellement pratique et infaillible à la fois pour réaliser nos plus chères espérances.

Je vais donc essayer d'analyser brièvement divers systèmes ou combinaisons proposés, et conclure par l'exposition d'un projet qui remplira à mon humble avis, toutes les garanties que réclament notre légitime susceptibilité et les exigences de la situation.

EXAMEN

Parmi les innombrables systèmes ou moyens proposés, il en est plusieurs de fort ingénieux qui méritent une attention plus particulière ; ce sont ceux-là que je me propose de passer en revue.

Je le ferai du reste en peu de mots, car le temps est précieux et j'ai hâte de conclure.

Souscriptions volontaires. — Offrandes patriotiques. — Collectes. — Représentations. — Concerts. — Soirées musicales, artistiques, littéraires. — Souscriptions à l'Étranger.

S'il s'agissait de trouver une centaine de millions, le meilleur moyen de les obtenir sans grever le budget, serait évidemment de les demander par voie de souscriptions volontaires au patriotisme du peuple tout entier.

Et certes, pour ma part, je serais très partisan de faire appel au bon vouloir de chacun, et de recevoir les offrandes de toute nature..... c'est la vraie souscription nationale !

Mais en présence de l'énormité de la somme à réaliser et de l'impossibilité où nous sommes de recueillir **3 milliards** par voie de souscriptions volontaires, je dis qu'il faut un moyen énergique, radical, et que tout en admettant le principe des *offrandes patriotiques*, il faut une combinaison qui assure un plein succès. — Il faut en un mot, *égalité* et proportionnalité dans la contribution.

Des collectes, des quêtes faites par des personnes dévouées seraient impuissantes à n'en pas douter, à produire le résultat qu'on attend. Sous cette forme on trouverait certainement quelques millions. — Et après? Les théâtres pourraient aussi abandonner une représentation — même chaque mois pour la délivrance. — Et après?

Peut-on espérer trouver plus que quelques millions encore ?

Quand bien même on ferait des quêtes dans les églises — on donnerait des soirées artistiques et littéraires, — les cafés-concerts offriraient aussi le produit d'une soirée mensuellement. — Et encore? Mais c'est toujours le même résultat. — On ne trouverait jamais que quelques millions dans toute la France et il en faut *des centaines*.

L'effort serait disproportionné avec le résultat. — On ne saurait se contenter de toutes ces conceptions, généreuses sans doute, mais impuissantes. Il faut mettre de côté toutes les illusions à cet égard. — On ne saurait guère trouver par ces divers moyens, et en acceptant le concours de tous, une somme de beaucoup supérieure à 100 millions. — Et il faut au minimum *30 fois plus !*

Je suis, au surplus, fort peu partisan des collectes ou quêtes. On ne saurait mendier pour la France !

On parle d'ouvrir des souscriptions aussi à l'étranger par l'intermédiaire des consuls.

Empruntons à l'étranger, soit, mais ne lui tendons pas la main — ces façons d'agir seraient indignes d'un pays comme le nôtre, et lui feraient inévitablement perdre le prestige qu'il conserve encore, malgré ses revers, dont aujourd'hui on apprécie mieux les véritables causes.

Sans aucun doute au dehors les sympathies sont nombreuses, et des sommes relativement considérables nous seraient offertes. Mais, en vérité, pourquoi faire subir à notre amour-propre national une telle épreuve, et à la France une telle humiliation ?

Il ne le faut pas. Il y a mieux à faire. Et la France n'en est pas réduite à cette extrémité.

Impôt sur le revenu.

L'impôt sur le revenu m'a toujours semblé juste et plus équitable que beaucoup d'autres, car il n'atteint en réalité que celui qui possède. Il ne frappe qu'à coup sûr.

Les autres, au contraire, frappent aveuglément, et souvent dans les mêmes proportions, ce qui n'est pas juste, ceux qui possèdent, comme ceux qui vivent de leur salaire.

Rien n'est moins raisonnable. S'il s'agissait d'équilibrer un budget par une somme de deux ou trois cents millions, il faudrait imposer le revenu comme il en était question dans ces derniers temps, plutôt que de grever mille objets de première nécessité, et dont le pauvre est obligé d'user comme le riche ; ou les matières premières qui sont la base de notre industrie ....

Mais là n'est point en ce moment la question. Nous avons un souci plus grand. Et il s'agit, dans un laps de temps relativement très court, de réaliser notre rançon : et elle atteint l'énorme chiffre de trois milliards.

L'impôt sur le revenu, quoi qu'on en dise, outre qu'il serait insuffisant, ne me satisfait pas pour un autre motif ; c'est que, chacun doit en définitive sa part dans le rachat de notre territoire, et selon la mesure de ses forces, contribuer à sa libération.

Il y aurait bien encore d'autres moyens à employer, si l'on voulait être absolument équitable, et si l'on n'avait pas à lutter contre une nécessité urgente... qui consisteraient notamment, à imposer plus spécialement les départements qui ont eu la chance d'échapper à l'invasion, et partant, qui n'ont pas eu à subir les ravages de la guerre ; à frapper aussi, plus spécialement ceux (et ils sont nombreux, hélas!), qui se sont volontairement soustraits à l'obligation du service militaire, tandis qu'on dégrèverait au contraire ceux qui ont payé leur dette à la patrie.

Mais, encore une fois, la nécessité est grande, elle nous presse davantage chaque jour ; les incertitudes de l'avenir pèsent lourdement sur le présent, et il faut aviser au plus tôt.

Il faut des mesures plus larges, et un résultat prompt et sûr. On fera plus tard, s'il y a lieu, le compte de chacun.

Il faut dès-à-présent aviser, et frapper un grand coup avec l'aide du patriotisme de tous. Le moment est favorable, chacun de nous est prêt à s'y résigner et à subir les exigences de la nécessité.

Qu'une mesure équitable frappe tous les citoyens d'une contribution proportionnelle aux ressources de chacun !

C'est le seul moyen, selon moi d'aboutir, et de concilier les susceptibilités de la France, avec la situation du Trésor et les droits du vainqueur.

Rachat des Chemins de Fer.

Le rachat des chemins de fer, dit-on encore, permettrait à l'Etat de contracter un emprunt avec garantie hypothécaire.

Et en effet, comme l'a dit à la tribune, il y a quelques jours, M. Clément Laurier : « Le crédit hypothécaire, le crédit gagé, est toujours supérieur au crédit chirographaire. Cela est aussi vrai, et d'une vérité aussi incontestable pour les peuples que pour les individus. Tel emprunte à 6 p. % sur sa simple signature, qui emprunte à 5 p. % sur gage ou sur hypothèque, c'est la force des choses qui le veut ainsi. Plus la sécurité du créancier est grande, plus le taux d'intérêt doit être modéré. »

Or, ajoute-t-on, il faut emprunter immédiatement les trois milliards dus à la Prusse, en payant l'argent ce qu'il vaut.

Rien n'est plus logique, et le mécanisme de cette opération est bien simple. Mais, à la vérité, elle produirait peut-être une *certaine sensation*...........!

Personne n'est plus que moi d'accord avec M. Laurier et ses collègues, auteurs de la proposition soumise à l'Assemblée nationale, même sur ce point ; malheureusement, il n'est aucun espoir de voir adopter cette combinaison, dans les circonstances actuelles, et je n'ai pas été surpris le moins du monde, de rencontrer encore M. Pouyer-Quertier parmi les adversaires acharnés et implacables du projet de rachat des chemins de fer.

Il vaut mieux sans doute pour entretenir l'équilibre dans notre système économique et surtout favoriser l'industrie voter un impôt sur les *matières premières*....?

Il était bon néanmoins de poser un principe, et nous devons en savoir gré aux représentants qui l'ont fait. Mais ce moyen n'est pas de notre temps encore.

Et ce ne sont pas les hommes qui sont actuellement au pouvoir qui consentiront jamais à un semblable bouleversement économique.

Pour faire de bonnes finances, il faut faire de la bonne politique, a dit quelque jour un de nos hommes d'Etat les plus autorisés.

Les embarras financiers du gouvernement et les demi-mesures adoptées pour y faire face, ne prouvent pas alors en faveur de sa politique !

Il faudra bien pourtant se décider à prendre un parti sérieux, si l'on veut hâter le jour de la délivrance !

Il serait temps d'y songer !

Prêt sans intérêt.

Il y a bien un autre projet qui consiste à demander à la France, sous la forme d'un prêt, une somme de trois milliards pour trois ans, moyennant le sacrifice des intérêts.

Dans cette hypothèse, on sauvegarde sans doute les intérêts du Trésor, mais on compte trop, à mon avis, sur le patriotisme des capitalistes dont l'empressement à souscrire aux divers emprunts est généralement en raison directe des avantages qu'on leur offre.

En outre, les capitalistes eux-mêmes ont besoin de leurs revenus ; et il s'en trouvera bien peu malheureusement qui pourront ou voudront se passer d'intérêts pendant 3 ans.

Ce projet me paraît donc impraticable, et incapable de produire la somme nécessaire.

Je le repousse enfin par cet autre motif, qu'il ne s'adresse absolument qu'aux capitalistes. Et selon moi le concours de tous est indispensable !

Projet Soubeyran.

Ce projet a fait grand bruit : la presse est unanime à l'approuver. De prime abord, il semble réunir toutes les conditions réclamées par notre situation actuelle. Presque tout le monde le connaît aujourd'hui. Peut-être même, est-il sur le point d'être pris en considération par l'Assemblée nationale ?

J'en dirai néanmoins quelques mots ; car il mérite à tous égards d'être examiné et discuté sérieusement.

Au point de vue du Trésor, il paraît excellent, dans ce sens qu'il fournit une combinaison avantageuse et lui permet de réaliser en peu de temps la somme de **quatre milliards,** dans la pensée de l'auteur, sans exiger un remboursement trop rapide, et en le déchargeant même, à proprement parler, du service des intérêts.

D'après le projet, très ingénieux du reste, comme conception financière, de M. Soubeyran, le remboursement s'effectuerait dans une période de 60 années, avec primes qui tiendraient au souscripteur lieu d'intérêt, en même temps qu'elles seraient pour le capital un appât dont il est d'ordinaire assez avide.

Voici, en quelques mots, l'économie de ce projet.

Il consiste à créer sous forme d'*emprunt*, un capital de quatre milliards au moyen d'obligations de 100 francs remboursables en 60 années à 200 francs et participant aux tirages de primes.

Il y aurait 60 classes de 12 séries chacune, chaque série comprenant 55,556 obligations.

Tous les ans on amortirait une classe de 12 séries, soit 666,672 obligations. Chaque obligation serait remboursée à 200 francs, de telle sorte que celui qui aurait une obligation dans chacune des 60 classes, c'est-à-dire 60 obligations, serait tous les ans remboursé de 200 francs ou d'une obligation.

Tous les mois il y aurait un tirage avec primes.

1 obligation avec lot de 150,000 francs.
10   id.   avec lot de   10,000 francs.
30   id.   avec lot de   5,000 francs.
100   id.   avec lot de   1,000 francs.

———

Au total, par mois....... 500,000 francs de primes.

Il y aurait trois roues pour procéder aux tirages, l'une contenant 60 numéros correspondant aux 60 classes, l'autre contenant 12 numéros correspondant aux 12 séries.

Et enfin une autre contenant 55,556 numéros représentant les obligations de chaque série.

Comme on peut s'en rendre compte par cette analyse suc_cincte, le Trésor bénéficie des intérêts, et échappe à un remboursement trop rapide ; il se libère insensiblement dans des conditions très avantageuses, tout en ne demandant aux porteurs d'obligations qu'un sacrifice de peu d'importance, celui des intérêts, et en les dédommageant du reste, par l'espoir des primes.

La seule critique, selon moi, qu'on puisse raisonnablement faire à ce projet, est de n'intéresser que les capitalistes dont il flatte les instincts, plutôt que les citoyens sans distinction dont il faudrait au contraire stimuler le patriotisme en faisant appel à leur concours, selon les ressources de chacun.

De cette façon, combien de gens ne pourront prendre part à cette souscription ? Le nombre en est grand, de ceux qui ne peuvent pas même prendre une obligation de 100 francs. Pourquoi, dans une œuvre pareille, en définitive toute patriotique, écarter au profit du capitaliste tous ceux qui pourtant, seraient eux aussi, désireux de contribuer au moins dans la mesure de leurs forces, à la libération du territoire?

C'est en un mot, la restauration d'un privilége, d'un monopole, avec des chances de fortune exclusivement réservées à ceux qui possèdent un pécule, que propose M. Soubeyran.

Je regrette sincèrement dans cette combinaison, de ne pas voir une part plus large faite au patriotisme, et un accès rendu plus facile, au citoyen dont les sentiments ne sont pas toujours en raison directe des ressources pécuniaires.

Je crois de mon devoir, au nom même des principes républicains, de signaler cette lacune, et d'adresser à l'auteur une légère critique, au nom de l'*égalité* qui doit imposer à tous la même obligation, et au nom de la *fraternité* qui doit dans l'œuvre de la libération surtout, nous rendre tous solidaires, au moment du sacrifice, dans la proportion de nos ressources.

Cette réserve étant faite, je crois la combinaison de M. Soubeyran ingénieuse et praticable ; utile au Trésor en même temps, dont il sauvegarde les intérêts, et de nature à atteindre le but que nous poursuivons.

A ces divers titres, elle mérite un examen sérieux de la part du Gouvernement, assez embarrassé du reste, pour faire face aux exigences de notre situation.

Et je crois, ce projet à défaut d'autre préférable, digne d'occuper sérieusement l'attention de l'Assemblée nationale.

On me permettra maintenant d'exposer une combinaison du même genre, et qui semble donner selon moi satisfaction aux intérêts du Trésor comme aux principes de justice que nous regrettions tout à l'heure de ne pas voir suffisamment observés dans l'application du système de l'honorable M. Soubeyran.

LIBÉRATION DU TERRITOIRE

PAR LE CONCOURS

DE TOUS LES CITOYENS, DU SALAIRE

ET

DU REVENU

Liberté. — Egalité. — Fraternité.

Tous pour un, un pour tous !

CONTRIBUTION NATIONALE

OBLIGATOIRE

UNE JOURNÉE DE SALAIRE

d'appointement, de solde, de bénéfices ou de revenu par mois, jusqu'à complet paiement des 3 milliards.

———

Je l'ai dit plus haut, il s'agit de savoir profiter du mouvement patriotique qui se produit actuellement dans toute la France, de ménager la susceptibilité de notre amour-propre national, et de donner une légitime satisfaction aux principes d'égalité et de fraternité qui doivent surtout dans le grand acte qu'il s'agit d'accomplir, recevoir leur application ; il s'agit à la fois d'assurer à l'entreprise une réussite complète.

Telles sont les considérations qui m'ont inspiré, et conduit à proposer un moyen qui, selon moi, doit atteindre ces divers résultats.

Il faudrait, en un mot, faire appel au patriotisme de tous, et demander à chaque citoyen, le sacrifice pour la Patrie d'une journée de salaire, de solde ou de revenu par mois, jusqu'à complet paiement de la somme nécessaire à notre rançon.

Et comme il faut assurer à ce *grand acte* toute son efficacité, c'est-à-dire réaliser promptement et sûrement la somme suffisante, une *loi* me semble nécessaire pour atteindre ce but, et rendre tous les citoyens solidaires dans le sacrifice, comme dans l'accomplissement de ce devoir civique.

Rien en fait ne me semble plus simple :

L'ouvrier laisse entre les mains de son patron, rendu responsable, une journée de son salaire. Celui-ci, peut au besoin, et d'office, en faire la retenue. Mais je ne mentionne ce cas que pour mémoire. En fait, cette retenue n'aura pas lieu, car chacun, j'en suis sûr, se fera un devoir de concourir à l'œuvre de la délivrance. Et ce sera pour l'ouvrier une joie d'autant plus douce, que le sacrifice sera réel et sérieux, qu'il lui aura coûté plus de peine et peut-être des privations.

Le patron sera tenu à la même obligation, c'est-à-dire à verser au Trésor, une journée de son bénéfice par mois, jusqu'à extinction de la dette, en prenant pour base son dernier inventaire.

L'armée abandonnera un jour de solde, soldats ou officiers: tous s'en feront un plaisir. On pourrait à l'appui, s'il en était besoin, citer des faits récents.

Les rentiers abandonneraient une journée de leur revenu.

On serait obligé de s'en rapporter à leur bonne foi et à leur loyauté pour la liquidation de leur contribution respective.

Les retraités ou pensionnaires de l'Etat laisseraient une journée de leur pension mensuelle, rien de plus simple ; puisque c'est le Trésor qui les paie. Il en serait de même pour tous les fonctionnaires, employés, salariés de l'Etat. La retenue par le Trésor serait de droit et se ferait à chaque paiement.

Il ressort d'un calcul approximatif que le Trésor pourrait ainsi mensuellement, recueillir une somme de 2 ou 300 millions environ : de telle sorte qu'on est certain, dès lors, de pouvoir satisfaire, dans un an au plus, à l'indemnité exigée par la Prusse. Les communes seraient elles-mêmes tenues de verser mensuellement une somme évaluée par le Conseil d'après leurs ressources budgétaires.

Quel résultat plus merveilleux peut-on espérer ?

Joignez à cette somme, tous les dons patriotiques qu'il faudrait encourager, loin d'y mettre obstacle, et vous atteindrez indubitablement à courte échéance le capital nécessaire à notre rançon.

Rien de plus simple, ce me semble, dans la pratique : une Caisse spéciale dépendant du ministère des finances pourrait être créée, à l'effet de recevoir et centraliser les fonds provenant de cette contribution ; et une sous-caisse lui serait adjointe pour recevoir exclusivement les dons patriotiques. Les noms des donateurs seraient publiés.

L'état de la grande caisse serait du reste fourni tous les mois et publié dans le *Journal officiel*.

Les agents du fisc seraient chargés de recueillir la contribution légale, et des comités formés par l'initiative privée seraient chargés de réaliser et centraliser les dons patriotiques. La presse locale enfin, serait invitée à publier les noms des souscripteurs.

Ainsi, comme on le voit, d'après ce système, tous les citoyens seraient tenus de participer à l'œuvre de la délivrance, chacun dans la mesure de ses forces, et l'on n'entraverait en aucune façon l'initiative individuelle. Mais aussi, rien ne serait laissé au hasard, et dans un temps relativement court, on serait sûr d'atteindre le résultat qu'on espère et que nous désirons tous si ardemment.

Enfin, dans chaque localité, un agent du fisc, employé du Trésor à un titre quelconque, ou dans les communes un citoyen appartenant à l'administration, serait chargé de centraliser les recettes légales, et de les verser dans les caisses de l'Etat par qui le contrôle serait effectué partout.

Ainsi, on obtiendrait dans cette opération toutes les garanties désirables de contrôle et de sécurité, et par l'unité d'action la célérité dans l'exécution du plan.

Pour le surplus, toute liberté d'action serait laissée aux comités de propagande, et les dames notamment, qui déjà se sont signalées par leur initiative et un admirable dévouement, suivant en cela l'exemple de leurs sœurs d'Alsace, pourraient employer tous moyens qui leur seraient suggérés par leurs sentiments patriotiques.

Sans doute, une souscription nationale enfanterait des prodiges, et les actes d'abnégation se compteraient par milliers, mais ils ne suffiraient pas, et tout en les encourageant, je n'hésite pas à préconiser le système de l'obligation qui rend tous les Français solidaires pour le rachat de la Patrie.

Il n'est certes pas jusqu'à l'étranger, qui ne se montre jaloux de témoigner à la France sa sympathie, et peut-être sa reconnaissance. A qui la France n'a-t-elle pas rendu quelque service ? Quel peuple a fait en vain appel à sa générosité ? Et combien lui doivent jusqu'à leur indépendance ou quelque partie de leur territoire ?

Qui donc ne voudrait profiter d'une semblable occasion pour s'acquitter envers nous ?

Sans aucun doute, l'étranger contribuerait à notre rançon pour une forte part. Mais il répugne à notre amour-propre national de compter sur une éventualité, et en quelque sorte sur la charité publique pour obtenir ce résultat ; nous devons avoir à cœur d'aboutir par nos seules ressources. La France ne saurait demander l'aumône, et sa libération ne saurait être livrée au hasard, ni exposée aux chances toujours douteuses d'une souscription publique et volontaire !

Pas de résultats mesquins, pas de demi-mesures ! Une Nation comme la France doit conserver sa fierté et son prestige, et sortir bientôt triomphante de cette épreuve douloureuse ! Il faut, en un mot, un effort immense, telle qu'elle est capable de le produire, et un résultat grandiose qui soit digne d'elle !

CONCLUSION

Et maintenant, à l'œuvre sainte de la délivrance !
Il n'est plus d'hésitation possible en face des besoins de
la Patrie, et des exigences de l'étranger qui attend la
rançon qu'elle a consentie !

Que notre devise soit désormais : *Tous pour un, un
pour tous !*

Il est temps d'agir, car la France traverse en ce moment
une crise terrible, grave dans le présent et menaçante
pour l'avenir, que nos hommes d'Etat semblent impuis-
sants à conjurer.

Chaque jour apporte avec lui de nouvelles inquiétudes
et de nouvelles angoisses !

On discute à la Chambre, et on s'évertue vainement à
découvrir de nouvelles sources d'impôts. — On élabore
au sein des commissions, projets et systèmes, on entasse
moyens sur moyens ; bref, tous ces efforts paraissent impuis-
sants à fournir le remède au mal présent. — Et pourtant,
la nécessité augmente, et les besoins de la situation nous
rappellent brutalement aux exigences de la réalité
qu'il nous faut contempler en face.

Que fait-on ? On crée de nouvelles charges qui fatiguent
le pays, et procurent au Trésor à peine quelques millions en
mécontentant tout le monde !

On impose les allumettes, on impose le papier, on
grève la presse, on entrave l'instruction, on impose une
surtaxe aux sucres et à cent autres choses.... bref, on
paralyse l'industrie, on jette le trouble dans les affaires,
et on avilit le salaire, désormais insuffisant pour faire face
aux besoins de la consommation.

Dans une situation aussi grave, puisse le cri de détresse
parti de l'Alsace, être répété par tous les échos de la
France et faire vibrer tous les cœurs !

Il est temps d'aviser ; car nos hornmes d'Etat, je n'hésite pas à le dire, avec les meilleures intentions du monde sans doute, font fausse route, et s'éloignent du but à atteindre.

Il s'agit bien en vérité de trouver quelques millions en grevant les allumettes, le sucre, le café, la soie, le coton, le sel peut-être.... et autres matières de première nécessité ; toutes charges insuffisantes pour combler le vide du Trésor et qui bouleversent de fond en comble, sans résultat sérieux, notre système économique ?

En vérité, avec les ressources immenses que possède la France nous ne saurions demeurer dans cette impasse ?

Avec tout le dévouement qui nous caractérise, réduits à l'impuissance, nous consentirions plus longtemps à subir l'occupation étrangère, et les regards narquois ou insolents de l'étranger qui foule encore notre territoire et rit de nos angoisses ?

Non, cela n'est pas possible, ou la France ne serait plus la France !

Citoyens, alerte ! Et qu'un effort intelligent et sérieux nous rende, en brisant nos entraves, avec notre indépendance, notre antique fierté. Et que bientôt à notre tour, nous puissions imposer silence à ceux qui insultent à notre deuil et croient à notre ruine!

Qu'il n'y ait plus désormais pour l'œuvre de la délivrance, qu'un seul parti, comme un seul cœur pour la Patrie — qu'un seul gouvernement, *celui* de tous — et que notre devise sur l'autel du sacrifice où nous viendrons abdiquer nos rancunes ou nos haines, soit désormais : *Un pour tous, tous pour un*.

Montrons-nous les dignes fils de ceux qui ont les premiers, poussé le cri de la délivrance et ont abjuré leurs discordes au nom de la Patrie dans cette fête splendide et mémorable de la Fédération !

Que ce grand exemple de patriotisme nous réchauffe, et nous stimule au moment où la Patrie nous convie tous à sa rançon et au sacrifice !

Et que chacun vienne loyalement déposer son offrande au nom de la *Liberté*, comme au nom de l'*Egalité* et de la *Fraternité*.

Alors la France aura prouvé qu'elle existe encore, et que sa vieille devise n'est pas une vaine formule.

Plus d'expédients, plus de demi-mesures et plus de distinctions entre les enfants d'un même pays.

Cette situation est indigne de la France. Nous ne saurions plus longtemps, sous peine de déchéance, subir ce joug honteux et laisser nos concitoyens gémir sous la férule du vainqueur.

Il y va de notre honneur et de notre dignité à tous !

Allons Français debout ! Et nos législateurs à l'œuvre ! Tous les citoyens sont prêts au sacrifice. Ils attendent d'une loi, la consécration des principes d'Egalité et de Fraternité.

Tous pour la Patrie !

Etienne PARRET.

26 janvier 1872.

APPENDICE

Proposition de Loi

Au nom du Peuple français,

L'Assemblée nationale,

Considérant, qu'il importe à l'honneur de la France, comme au bien-être des pays occupés, de satisfaire promptement aux engagements contractés vis-à-vis de l'Allemagne, à l'effet d'obtenir le plus tôt possible la libération du territoire ;

Et attendu, que chacun doit y contribuer dans la mesure de ses forces ;

DÉCRÈTE :

ARTICLE I.

Tous les citoyens majeurs, à dater de la promulgation des présentes sont tenus de verser *mensuellement* au Trésor, le montant d'une journée de salaire, de solde, d'appointement, de bénéfice ou de revenu, jusqu'à parfait paiement de l'indemnité de guerre due à l'Allemagne, à l'effet d'obtenir la libération du territoire.

ARTICLE II.

Les patrons sont autorisés à recevoir ou à retenir, mensuellement, au besoin, le montant d'une journée de salaire, pour tous les ouvriers ou employés qu'ils occupent sauf à en effectuer le versement au Trésor en leur nom respectif.

Les fonctionnaires publics sont autorisés à recevoir ou à retenir une journée de solde, d'appointement ou de salaire mensuellement exigible pour tous les employés et salariés de l'Etat.

Le Trésor est autorisé à faire la même retenue à tous ceux qu'il paie directement, et sans aucune distinction.

Les patrons et les fonctionnaires devront effectuer leur versement jusqu'à due concurrence dans les caisses du Trésor dans le mois de la promulgation.

Les commerçants ou rentiers verseront leur contribution respective, aux termes de la présente : leur déclaration en fixera le montant.

Article III.

Les versements auront lieu de la manière et dans les conditions qui seront ultérieurement indiquées par un arrêté du Président de la République sur la proposition du Ministre des finances.

Article IV.

Il sera donné à tous les contribuables un reçu motivé de la somme « équivalente à une journée de salaire, de solde, de bénéfice ou de revenu » selon les cas ou déclarations qui en seront faites, lequel vaudra titre, dans le cas où le gouvernement déciderait ultérieurement le remboursement, ou la remise d'un titre productif d'intérêts selon qu'il avisera.

Article V.

Quiconque serait convaincu de fausse déclaration sera passible d'une contribution au double pour le mois suivant, sans préjudice de la publicité qui pourrait être donnée aux déclarations abusives.

Article VI.

L'Assemblée nationale fait appel au patriotisme, et au loyal concours de tous les citoyens pour assurer l'exécution des présentes.

Saint-Etienne, imp. BENEVENT, place de l'Hôtel-de-Ville, 4.

www.ingramcontent.com/pod-product-compliance
Lightning Source LLC
Chambersburg PA
CBHW051351050726
47595CB00006B/2504